Giuseppe 想吃披萨

Giuseppe Feels Like Pizza!

Simplified Character version

by Terry T. Waltz
Published by Squid For Brains
Albany, NY
Copyright ©2014 by Terry T. Waltz

ISBN-10: **0692272127**
ISBN-13: **978-0692272121**

Giuseppe 在 North Pole.

Giuseppe 想 吃 披萨 。

Giuseppe 想吃 spaghetti 的 披萨。
Spaghetti 的 披萨 好吃！

但是，Giuseppe 没有 spaghetti 的 披萨。

在 North Pole 有
BaBaJohn's.

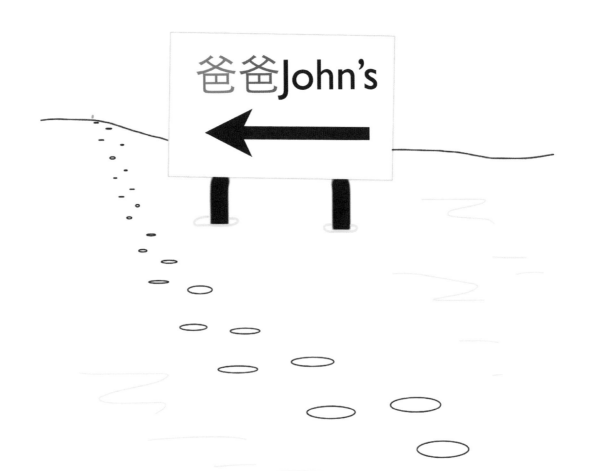

Giuseppe 去 BaBaJohn's.

在 BaBaJohn's 有 披萨。

BaBaJohn's 的 披萨 好。

Giuseppe 想 在 BaBaJohn's 吃 spaghetti 的 披萨。

在 BaBaJohn's 没有 spaghetti 的 披萨！但是 在 BaBaJohn's 有 penguin 的 披萨。

在 BaBaJohn's 也 有 walrus 的 披萨。但是 没有 spaghetti 的 披萨!

Giuseppe 哭，因为 他 不想 吃 penguin 的 披萨。 Giuseppe 也 不想 吃 walrus 的 披萨。

Penguin 的 披萨 不好吃！

Walrus 的 披萨 也 不好吃！

Giuseppe 想吃 spaghetti 的 披萨.

但是 在 North Pole 没有。

Giuseppe 吃 walrus 的 披萨。

不好吃！Giuseppe 也 吃
Penguin 的 披萨。Penguin 的
披萨 也 不好吃。

Giuseppe 在 BaBaJohn's 呕吐！
Giuseppe 哭， 因为 BaBaJohn's
的 披萨 不好吃。

BaBa John 也 哭 。

BaBa John 哭 ， 因为

Giuseppe 呕吐 。

Giuseppe 去 South Pole。

Giuseppe 不去 BabaJohn's,

因为 在 South Pole 没有

BabaJohn's.

在 South Pole 有 PizzaIgloo.
Giuseppe 去 PizzaIgloo. 在
PizzaIgloo 有没有 披萨？有！

在 PizzaIgloo 有 seal 的 披萨。

在 PizzaIgloo 也 有 whale 的 披萨。

但是， seal 的 披萨 不好吃！
Giuseppe 不想 吃 。 Giuseppe 也
不想 吃 whale 的 披萨。

Giuseppe 不想吃 seal 的 披萨，
因为 seal 的 披萨 不好吃。
Giuseppe 想吃 spaghetti 的
披萨，但是 在 South Pole 没有！

 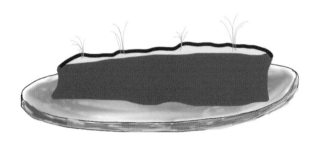

Giuseppe 吃 whale 的 披萨。

不好吃！ Giuseppe 也 吃 seal 的

披萨。 Seal 的 披萨 也

不好吃。

但是 Giuseppe 吃 seal 的 披萨。

Giuseppe 也 吃 whale 的 披萨。

Giuseppe 在 PizzaIgloo 呕吐！

Giuseppe 哭。

Giuseppe 哭，因为 在 South Pole 没有 spaghetti 的 披萨。
Giuseppe 哭，因为 他 不想吃 seal 的 披萨。 Giuseppe 哭，因为 在 South Pole 的 披萨 不好吃。

Giuseppe 去 Mt. Everest 的 Pizza Yurt.

在 Pizza Yurt 有没有 spaghetti 的 披萨？

有！！！

Giuseppe 在 PizzaYurt 吃 spaghetti的 披萨。 Spaghetti 的 披萨 好吃！ Giuseppe 不呕吐!